Impressum
Verlag: BABADADA GmbH, Nedderfeld 112 , 22529 Hamburg
Geschäftsführer / Verlagsleitung: Harald Hof
Druck: Books on Demand GmbH, In de Tarpen 42, 22848 Norderstedt

Imprint
Publisher: BABADADA GmbH, Nedderfeld 112 , 22529 Hamburg, Germany
Managing Director / Publishing direction: Harald Hof
Print: Books on Demand GmbH, In de Tarpen 42, 22848 Norderstedt

мактаб

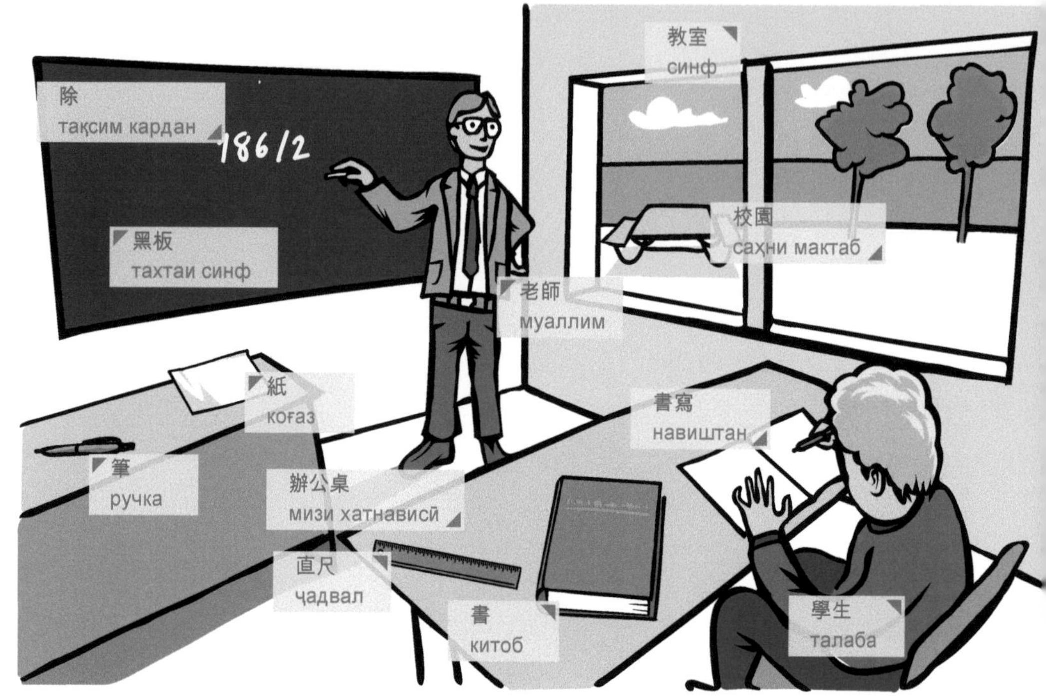
教室
синф
除
тақсим кардан
186/2
黑板
тахтаи синф
校園
саҳни мактаб
老師
муаллим
紙
коғаз
書寫
навиштан
筆
ручка
辦公桌
мизи хатнависӣ
直尺
ҷадвал
書
китоб
學生
талаба

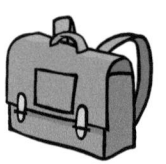

書包
ҷузвдон

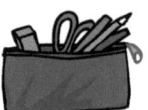

鉛筆盒
қаламдон

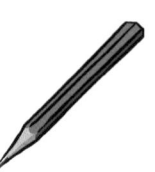

鉛筆
қалам

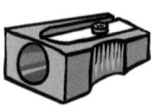

削鉛筆機
қаламтезкунак

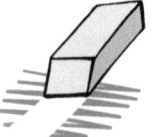

橡皮擦
хаткуркунак

畫板
блокноти расмкашӣ

圖畫

расм

畫筆

мӯқалами рассомӣ

顏料盒

қуттии рангҳо

剪刀

қайчӣ

膠水

ширеш

練習冊

дафтари машқ

家庭作業

вазифаи хонагӣ

數字

рақам

加

ҷамъ кардан

減

кам кардан

乘

зарб задан

計算

ҳисоб кардан

字母

ҳарф

字母表

алфавит

字

калима

課文
матн

讀
хондан

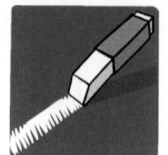

粉筆
бӯр

上課
дарс

登記
журнали синфӣ

考試
имтиҳон

證書
шаҳодатнома

校服
либоси мактабӣ

教育
таҳсил/маориф

百科全書
энсиклопедия

大學
донишгоҳ

顯微鏡
микроскоп (more frequently used)

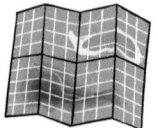

地圖
харита

廢紙簍
сабади партофҳои коғазӣ

旅行

саёҳат

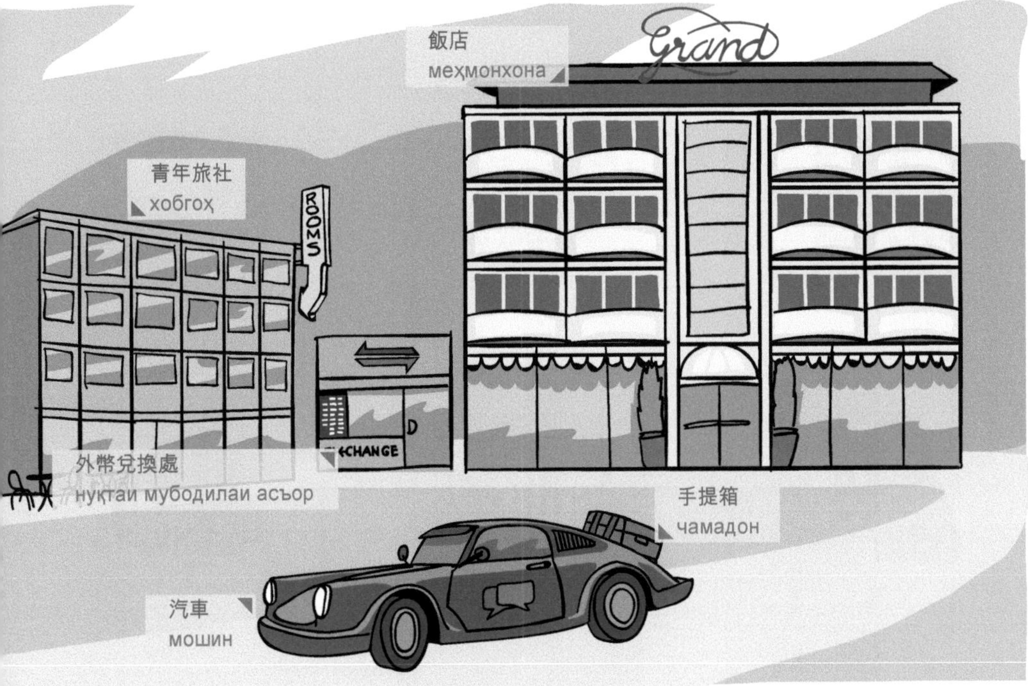
飯店
меҳмонхона
Grand
青年旅社
хобгоҳ
ROOMS
外幣兌換處
нуқтаи мубодилаи асъор
EXCHANGE
手提箱
чамадон
汽車
мошин

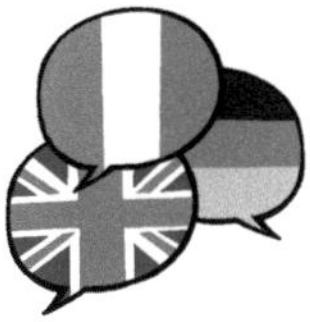

語言

забон

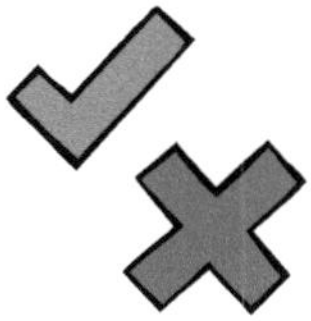

是/否

ҳа / не

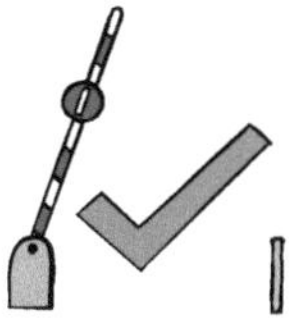

好的

Хуб

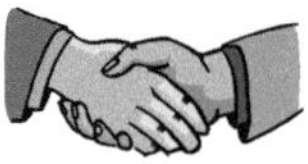

您好

Ассалому алейкум

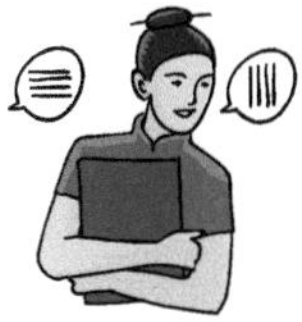

翻譯人員

тарҷумон

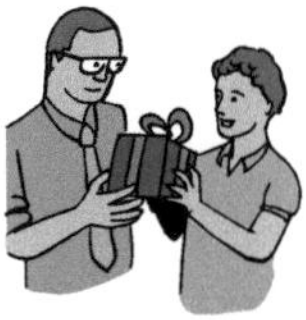

謝謝

Раҳмат

……多少錢？

чӣ қадар аст ...?

我不明白

Ман намефаҳмам

問題

проблема

晚上好！

шаб ба хайр!

早上好！

субҳ ба хайр

晚安！

шаби хуш

再見

хайр

方向

равона

行李

бағоҷ

包

ҷузвдон

背包

борхалта

客人

меҳмон

房間

хона

睡袋

хобхалта

帳篷

хайма

旅行資訊

маълумоти сайёҳӣ

海灘

соҳил

信用卡

корти кредитӣ

早餐

наҳорӣ

午餐

хӯроки пешин

晚餐

хӯроки шом

票

чипта

電梯

лифт

郵票

марка

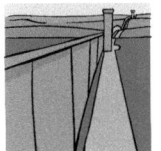

邊界

сарҳад

海關

Гумрук

大使館

сафорат

簽證

раводид

護照

шиноснома

交通運送

нақлиёт

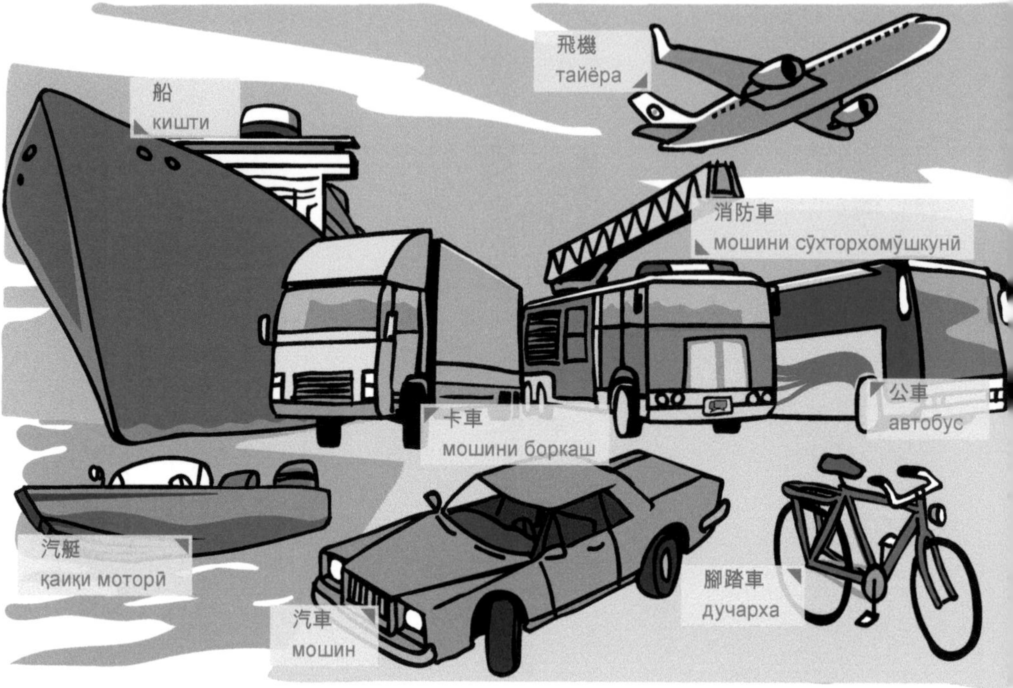

飛機
тайёра
船
кишти
消防車
мошини сӯхторхомӯшкунӣ
公車
автобус
卡車
мошини боркаш
汽艇
қаиқи моторӣ
腳踏車
дучарха
汽車
мошин

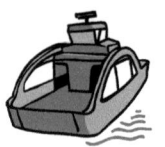

渡輪

паром

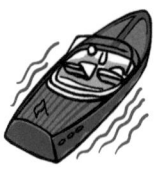

小船

қаиқ

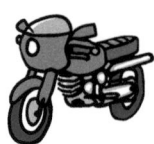

機車

мотосикл

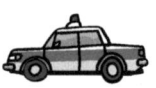

警車

мошини полис

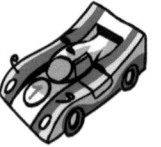

賽車

мошини тезрави пойгаи

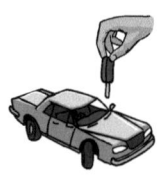

租車

кирояи мошинҳо

拼車

ҳамроҳ истифодабарии
мошин

拖車

эвакуатор

垃圾車

павтовҷамъкунй

馬達

муҳаррик

汽油

сӯзишворй

加油站

нуқтаи фурӯши сӯзишворй

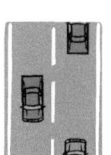

交通標識

аломати роҳ

交通

ҳаракат

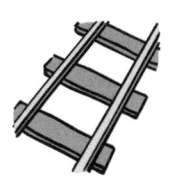

交通堵塞

бандшавии ҳаракати роҳ

停車場

ҷои исти мошинҳо

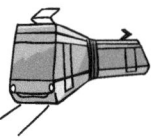

火車站

истгоҳи роҳи оҳан

軌道

роҳи оҳан

火車

қатора

路面電車

тамвай

客車廂

вагон

直升機

чархбол

機場

фурудгоҳ

塔

манора

乘客

мусофир

集裝箱

контейнер

紙板箱

щутии картонӣ

手推車

ароба

籃子

сабад

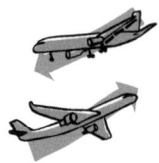

起飛/降落

гирифтан / замин

城市

шаҳр

村莊

деҳа

市中心

маркази шаҳр

房子

хона

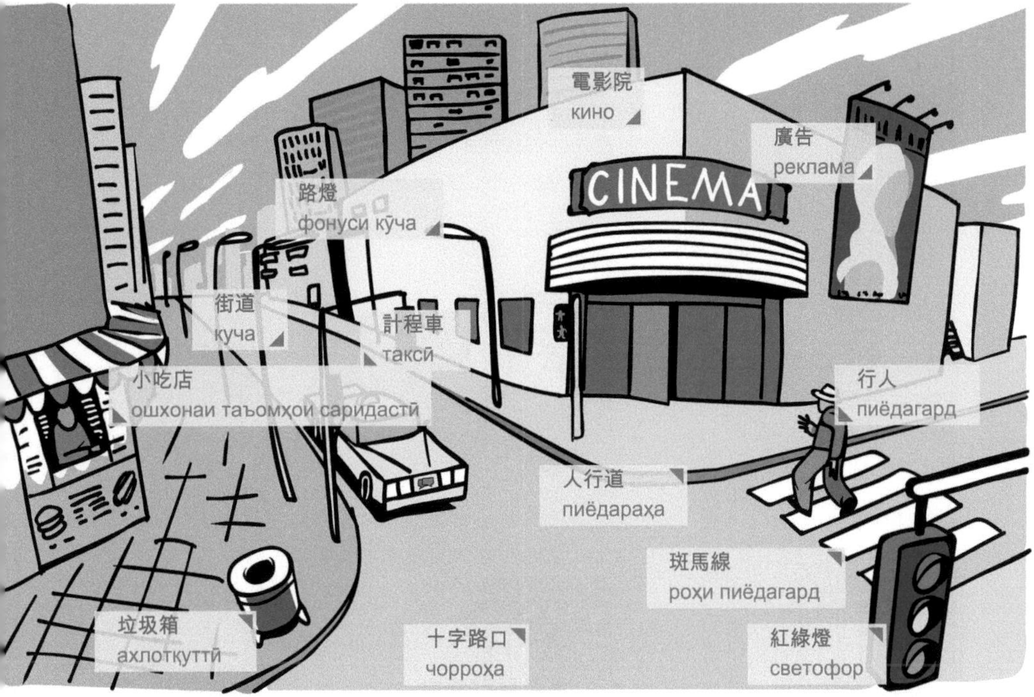

電影院
кино
CINEMA
廣告
реклама
路燈
фонуси кӯча
街道
куча
計程車
таксӣ
小吃店
ошхонаи таъомҳои саридастӣ
行人
пиёдагард
人行道
пиёдараҳа
斑馬線
роҳи пиёдагард
垃圾箱
ахлотқуттӣ
十字路口
чорроҳа
紅綠燈
светофор

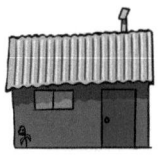

小屋

кулба

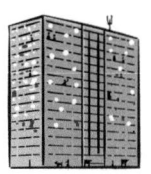

公寓

ҳамвор

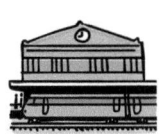

火車站

истгоҳи роҳи оҳан

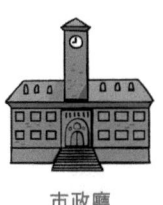

市政廳

бинои маъмурияти шаҳр

MUSEUM

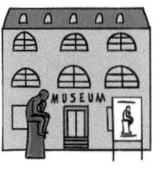

博物館

осорхона

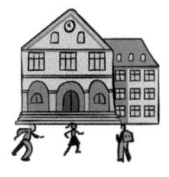

學校

мактаб

大學

донишгоҳ

銀行

бонк

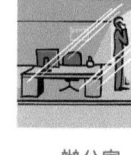

醫院

бемористон

飯店

меҳмонхона

藥房

доухона

辦公室

идора

書店

сехи китоб

商店

сехи

花店

мағозаи гулфурӯшӣ

超市

супермаркет

市場

бозор

百貨商店

универмаг

魚店

мағозаи моҳифурӯшӣ

購物中心

маркази савдо

海港

бандар

公園

парк

長凳

бонк

橋

пул

樓梯

зинапоя

捷運

метро

隧道

нақби

公車站

истгоҳи автобус

酒吧

бар

餐館

тарабхона

郵筒

қуттии почта

路標

аломати номи кӯчаҳо

停車計時器

ҳисобкунаки исти мошинҳо

動物園

боғи ҳайвонот

游泳池

ҳавзи шиноварй

清真寺

масҷид

農場

ферма

污染

ифлоскунӣ

墓地

қабристон

教堂

калисо

操場

майдончаи бозӣ

寺廟

маъбад

地形

ландшафт

樹葉
барг

指示牌
аломати роҳнамо

路
роҳ

草地
алафзор

石頭
санг

樹
дарахт

徒步旅行者
сайёҳ

河
дарё

草
алаф

花
гул

峽谷

водй

丘陵

кӯҳ

湖

кул

森林

беша

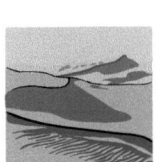

沙漠

биёбон

火山

вулкан

城堡

қалъа

彩虹

рангинкамон

蘑菇

занбӯруғ

棕櫚樹

дарати нахл

蚊子

хомӯшак

蒼蠅

паридан

螞蟻

мурча

蜜蜂

занбур

蜘蛛

тортанак

地形 - ландшафт

甲蟲

гамбӯсак

青蛙

қурбоққа

松鼠

санчоб

刺蝟

хорпушт

野兔

харгӯш

貓頭鷹

бум

鳥

парранда

天鵝

мурғи қу

野豬

хуки ваҳшй

鹿

оху

麋鹿

гавазн

水壩

сарбанд

風力發電機

турбина шамол

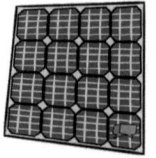

太陽能電池板

панел офтобй

氣候

иқлим

餐館

тарабхона

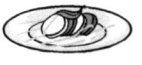

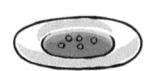

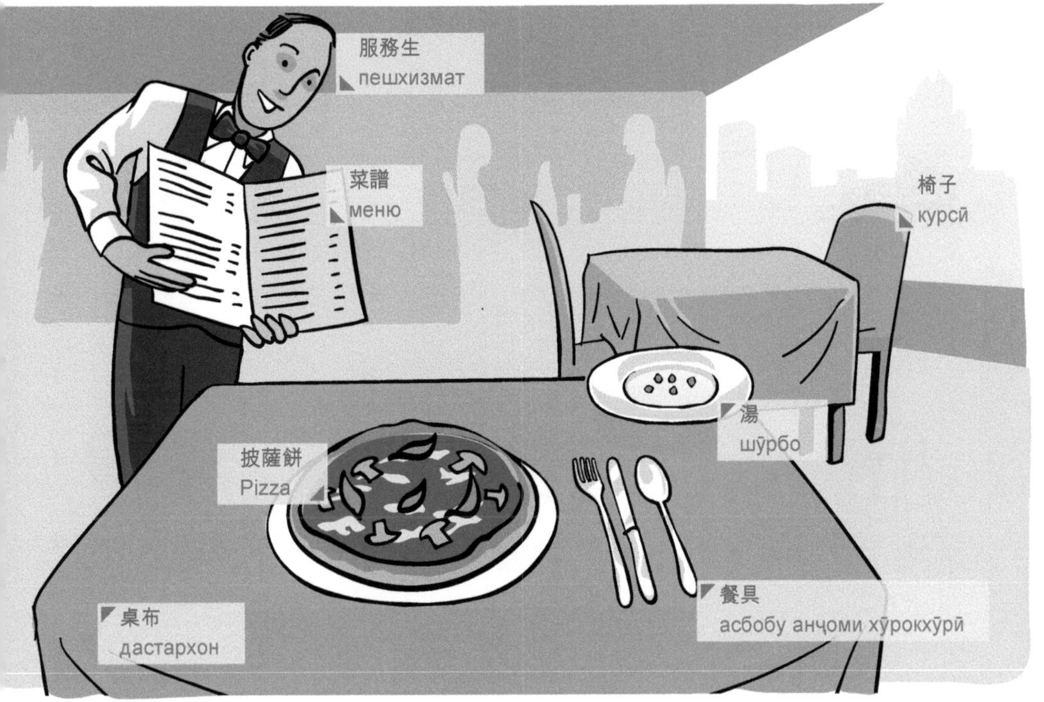
服務生
пешхизмат
菜譜
меню
椅子
курсӣ
湯
шӯрбо
披薩餅
Pizza
餐具
асбобу анҷоми хӯрокхӯрӣ
桌布
дастархон

前菜

стартер/корандоз

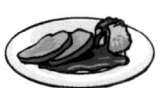

主菜

хӯроки асосӣ

甜點

десерт

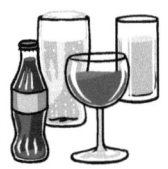

飲料

нӯшокиҳои

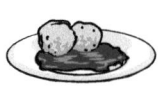

食物

таъом

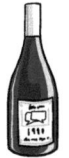

瓶子

шиша

速食

Хӯроки Тез Таёр мешуда

街邊小吃

хӯроки кӯчагӣ

茶壺

чойник

糖盒

шакардон

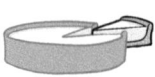

一份飯菜

қисм/порча

義式咖啡機

мошини espresso

高腳椅

курсии кӯдакона

帳單

ҳисоб

托盤

зарфмонак

刀

корд

餐叉

чангол

勺子

қошуқ

茶匙

қошуқча

餐巾

сачоқи қоғазӣ

玻璃杯

истакон

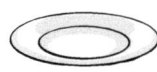

碟子

табақча

湯盤

косача

碟子

тақсимча

醬

соус

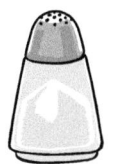

鹽瓶

намакдон

胡椒研磨罐

мурчдон

醋

сирко

食用油

равғани растанӣ

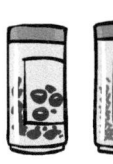

調味料

приправа

番茄醬

кетчуп

芥末

хардал

美乃滋

майонез

超市

супермаркет

特價
пешниҳоди махсус
FOR
顧客
мизоҷ
乳製品
шир
水果
мева
購物車
аробача

BUTCHERS

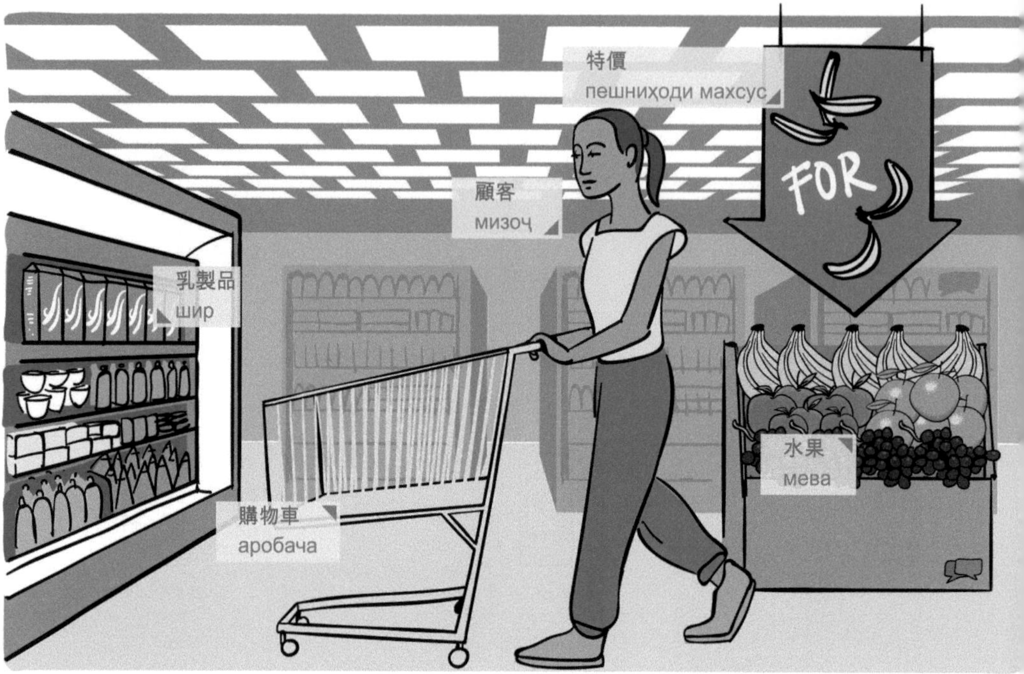

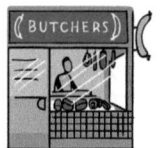

肉鋪

дукони гӯштфурӯшӣ

BAKERY

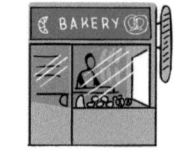

麵包店

дукони нонфурӯшӣ

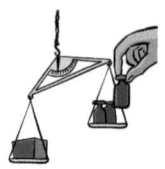

稱重

баркашидан

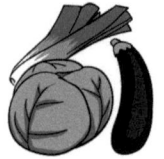

蔬菜

сабзавот

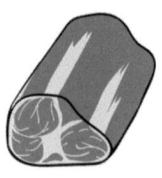

肉

гӯшт

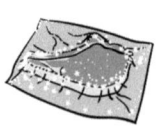

冷凍食品

хӯроки яхбаста

冷盤

тилимҳои борик буридаи гушт

罐頭食品

озуқаворӣ консервонидашуда

洗衣粉

хокаи либосшӯй

甜食

ширинӣ

日用品

асбоби рӯзгор

清潔用品

воситаҳои тозакунанда

銷售員

фурӯшанда

收銀機

касса

收銀員

кассир

購物清單

рӯихати харидкунӣ

開放時間

соат ифтитоҳи

錢包

ҳамён

信用卡

корти кредитӣ

袋子

ҷуздо

塑膠袋

пакет

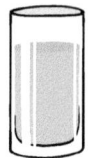

水

об

果汁

шарбат

牛奶

шир

可樂

кола

紅酒

шароб

啤酒

оби ҷав

酒

машрубот

可可

какао

茶

чой

咖啡

қаҳва

義式濃縮咖啡

эспрессо

卡布奇諾

каппучино

香蕉

банан

蘋果

себ

柳丁

норанчӣ

西瓜

харбуза

檸檬

лимӯ

胡蘿蔔

сабзӣ

大蒜

сир

竹子

бамбук

洋蔥

пиёз

蘑菇

занбӯруғ

堅果

чормағз

麵條

угро

義大利麵

спагеттй

米飯

биринч

沙拉

салат

薯條

картошкаи қоқак

炸馬鈴薯

картошкабирён

披薩餅

Pizza

漢堡

гамбургер

三明治

бутербурод

炸豬排

шнитсел

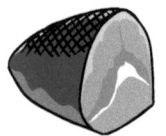

火腿

гӯшти намакардаи хук

義大利臘腸

ҳасиби салямй

香腸

ҳасиб

雞肉

мурғ

烤肉

кабоб

魚

моҳй

24 　　　食物 - таъом

燕麥片

ярмаи чав

木斯里

омехтаи ғалладонагӣ

玉米片

ярмаи чуворимакка

麵粉

орд

牛角麵包

кулчақанд

麵包捲

кулчақанд

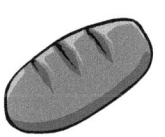

麵包

нон

吐司

як порча нони бирён

餅乾

кулчачаҳои қандин

奶油

маска

凝乳

творог

蛋糕

пирог

蛋

тухм

煎蛋

тухм бирён

起司

панир

冰淇淋

яхмос

糖

шакар

蜂蜜

асал

果醬

мураббо

巧克力醬

хамираи ҳалво

咖哩

Curry

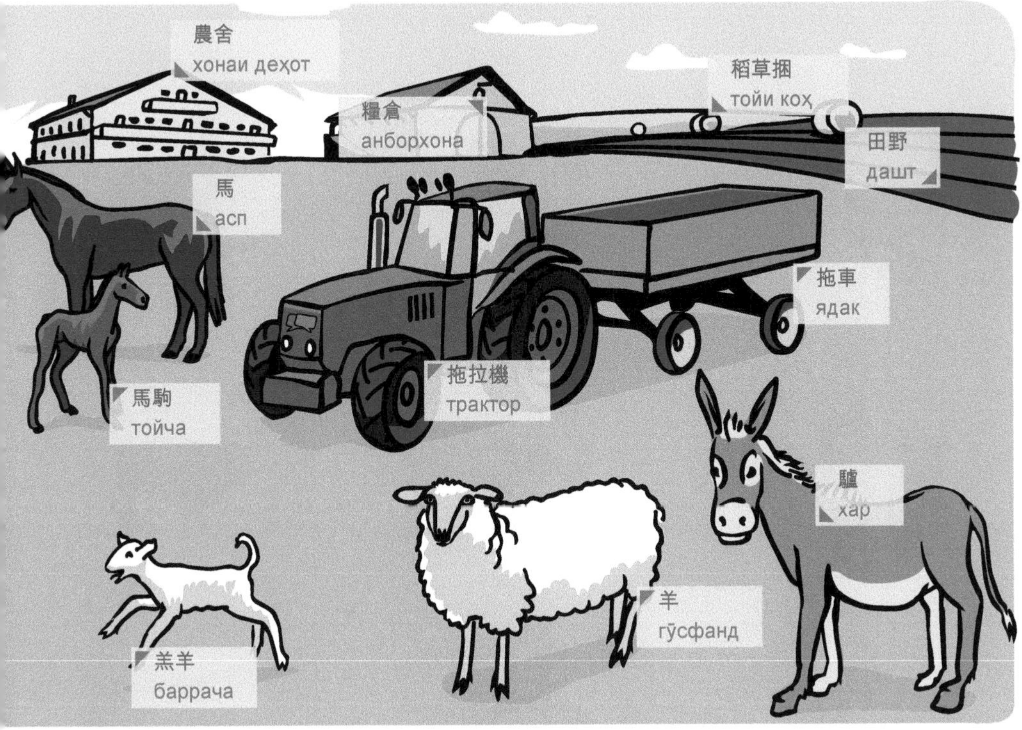

農舍
хонаи деҳот

糧倉
анборхона

稻草捆
тойи коҳ

田野
дашт

馬
асп

拖車
ядак

馬駒
тойча

拖拉機
трактор

驢
хар

羔羊
баррача

羊
гӯсфанд

山羊

буз

奶牛

гов

小牛

гӯсола

豬

хук

小豬

хукча

公牛

буққа

鵝

qoз

鴨

мурғобӣ

小雞

чӯча

母雞

мурғ

公雞

хурӯс

鼠

каламуш

貓

гурба

老鼠

муш

牛

барзагов

狗

саг

狗屋

хоначаи саг

花園澆水軟管

рӯдаи резинӣ

澆水壺

камобӣ метавонад

長柄大鐮刀

дос

犁

сипори шудгоркунии замин

鐮刀

доси

鋤頭

каланд

長柄草耙

панчшоха

斧頭

табар

獨輪手推車

ароба

飼料槽

охур

牛奶罐

зарфи ширгирй

麻布袋

халта

柵欄

девор

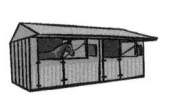

馬廄

мӯътадил

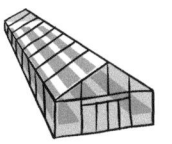

溫室

гармхона

土壤

хок

種子

тухмй

肥料

нуриҳо

聯合收割機

комбайни ғаллағундорй

收割

ҳосил

收割

ҳосил

地瓜

yams

小麥

гандум

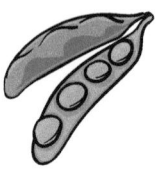

大豆

лубиж

土豆

картошка

玉米

чуворй

油菜籽

донаи маъсар

果樹

дарахти мева

樹薯

manioc

穀物

ғалладона

房子

хона

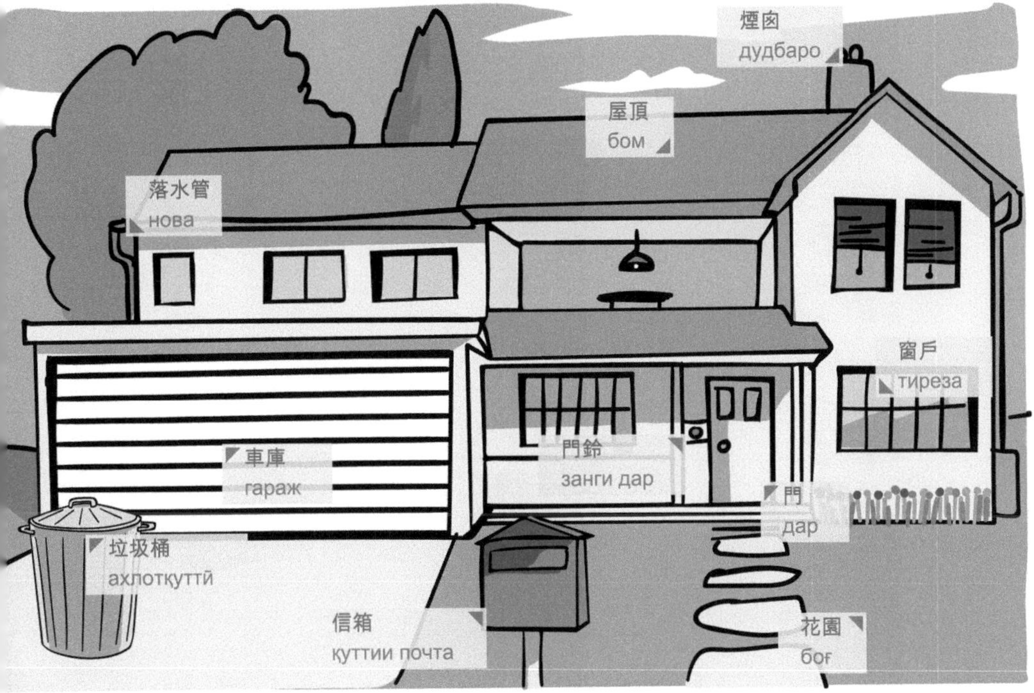

煙囪
дудбаро
屋頂
бом
落水管
нова
窗戶
тиреза
門鈴
занги дар
車庫
гараж
門
дар
垃圾桶
ахлотқуттӣ
信箱
қуттии почта
花園
боғ

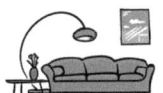

客廳

мехмонхона

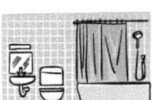

浴室

ҳамом

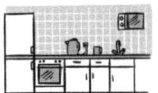

廚房

ошхона

臥室

хонаи хоб

兒童房

хуҷраи кӯдакона

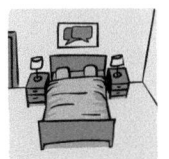

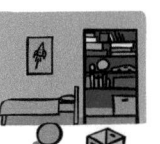

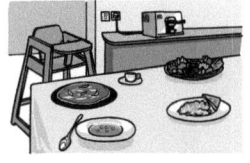

餐廳

ошхона

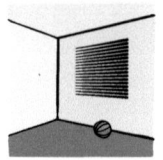

地板

ошёна

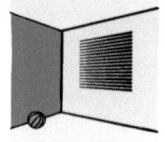

牆壁

девор

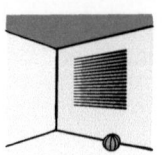

天花板

шифт

地窖

тагзаминй

三溫暖

сауна

陽臺

балкон

露臺

суфача

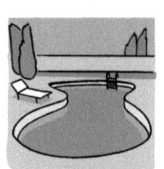

游泳池

ҳавз

割草機

мошини алафдарав

被單

варақ

床罩

кампал

床

кат

掃帚

чорӯб

水桶

сатил

開關

калид

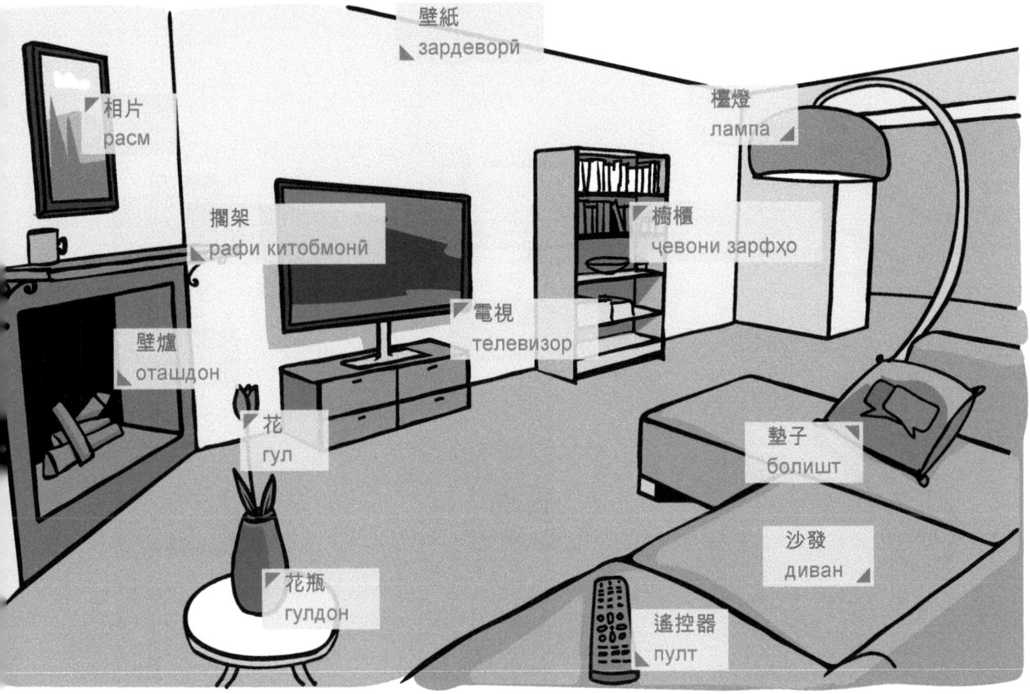

壁紙
зардеворӣ

檯燈
лампа

相片
расм

擱架
рафи китобмонӣ

櫥櫃
чевони зарфхо

電視
телевизор

壁爐
оташдон

花
гул

墊子
болишт

沙發
диван

花瓶
гулдон

遙控器
пулт

地毯

қолин

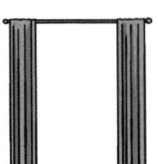

窗簾

парда

餐桌

мизи

椅子

курсӣ

搖椅

rocking кафедраи

扶手椅

курсӣ

書

китоб

毯子

курпа

裝飾品

ороиш

木柴

ҳезум

電影

филм

高傳真音響

дастгоҳи hi-fi

鑰匙

калид

報紙

рӯзнома

油畫

расм

海報

эълон

收音機

радио

筆記本

китобчаи қайдҳо

吸塵器

чангкашак

仙人掌

кактус

蠟燭

шам

廚房

ошхона

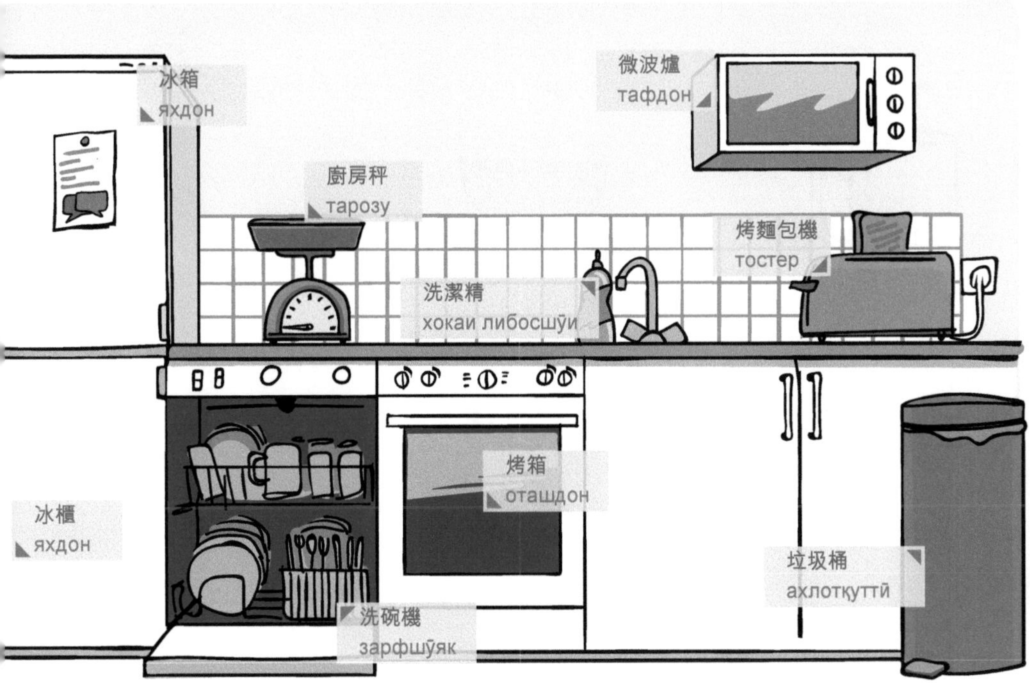
冰箱
яхдон
微波爐
тафдон
廚房秤
тарозу
烤麵包機
тостер
洗潔精
хокаи либосшӯӣ
烤箱
оташдон
冰櫃
яхдон
垃圾桶
ахлотқуттӣ
洗碗機
зарфшӯяк

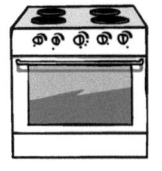

炊具
плита

鍋
тубак

鑄鐵鍋
дег

炒鍋
дег / кадӣ

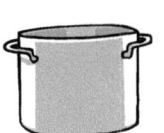

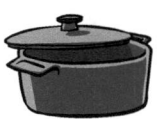

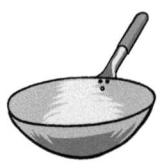

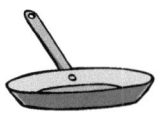

平底鍋
тоба

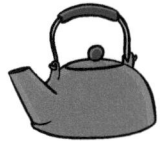

水壺
чойник

蒸鍋

steamer

烤盤

лист

陶瓷鍋

зарф

馬克杯

кружка

碗

коса

筷子

чубаки хурокхӯрӣ

長柄勺

кафлези

鏟子

кафлези ҳамвор

攪拌器

whisk

濾網

strainer

篩子

элак

磨碎機

турбтарошак

研缽

миномет

燒烤

Кабоб Кардан

明火

оташ кушод

菜板

тахтаи резакунӣ

擀麵杖

чӯба

開瓶器

пӯккашак

罐子

банка

開罐器

консервокушояк

隔熱手套

дастак

水槽

дастшӯяк

刷子

чӯтка

海綿

исфанҷ

攪拌機

блендер

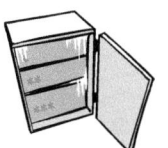

冷藏箱

сармодон

奶瓶

шишача

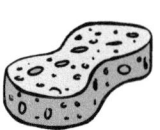

水龍頭

чумак

浴室

ҳамом

供暖裝置
гармидиҳӣ
毛巾
сачоқ
淋浴
душ
浴簾
пардаи душ
泡沫浴
ваннаи кафкдор
浴缸
ванна
玻璃杯
истакон
洗衣機
мошини ҷомашӯӣ
水龍頭
ҷумак
瓷磚
фарши кошинкорӣ
便壺
тубак
水槽
дастшӯяк

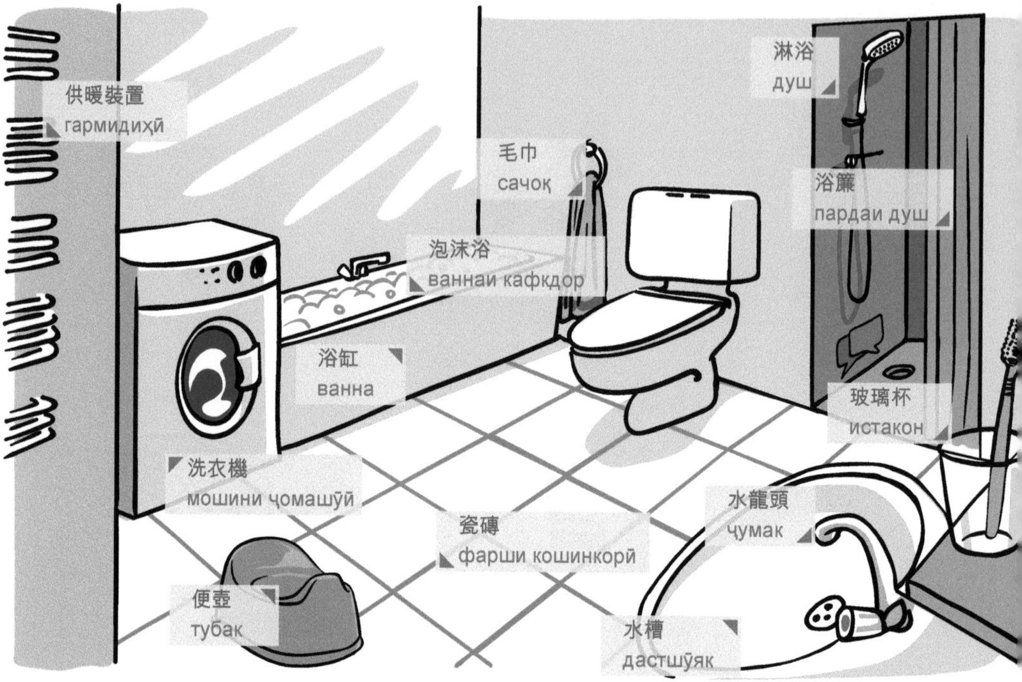

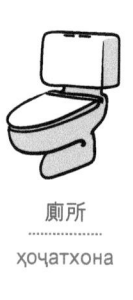

廁所

ҳоҷатхона

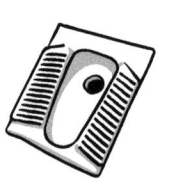

蹲便器

нишастгоҳи халоҷои рӯйфаршӣ

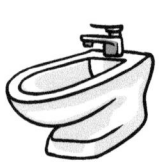

坐浴器

биде

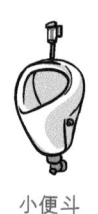

小便斗

ҳоҷатхонаи мардона

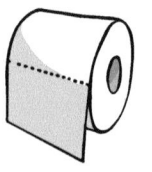

廁紙

коғази ташноб

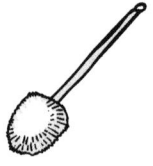

馬桶刷

чӯткаи ҳоҷатхона

牙刷

дандоншӯяк

牙膏

хамираи дандоншӯи

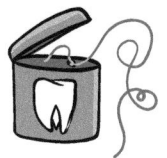

牙線

риштаи дандонтозакунӣ

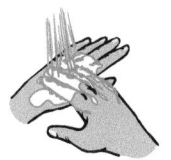

洗

шӯстан

手持式蓮蓬頭

души дастӣ

沖洗器

обшӯй

洗臉盆

ҳавза

洗背刷

шона кардани мӯй

肥皂

собун

沐浴露

гел барои душ

洗髮乳

шампун

法蘭絨

бумазй

排水

заҳкаш

乳霜

крем

除臭劑

дезодорант

鏡子

оина

手鏡

оинаи дастӣ

刮鬍刀

риштарошаки барқи

刮鬍泡沫

кафк барои риштарошй

鬚後水

оби мушкини баъди
риштарошй

梳子

шона

刷子

чӯтка

吹風機

мӯйхушкунак

噴髮定型劑

лак барои мӯй

化妝品

косметика

唇膏

лабсурхкунак

指甲油

лок барои нохун

化妝棉

пахта

指甲剪

қайчии нохунгирй

香水

атриёт

洗漱包

ҷузвдони косметики

凳子

қазои ҳоҷат

計重秤

тарозу

浴袍

хилъат

橡膠手套

дастпӯшак резина

衛生棉條

тампон

衛生棉

дастмоли санитарй

化學廁所

био-ҳоҷатхона

浴室 - ҳамом

兒童房

ҳуҷраи кӯдакона

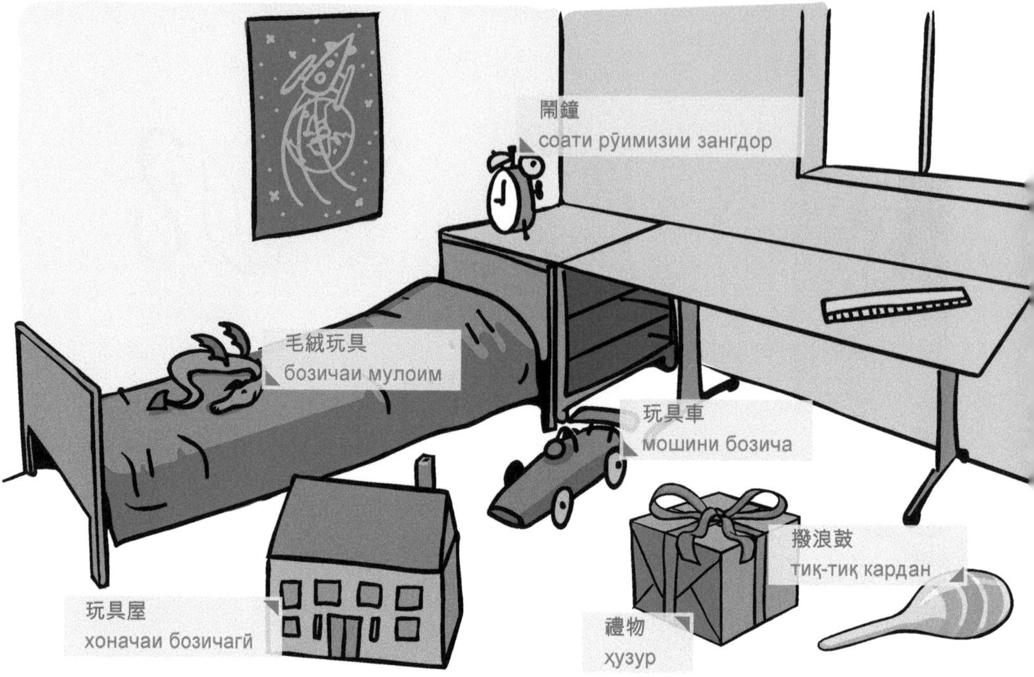

鬧鐘
соати рӯимизии зангдор
毛絨玩具
бозичаи мулоим
玩具車
мошини бозича
撥浪鼓
тиқ-тиқ кардан
玩具屋
хоначаи бозичагӣ
禮物
ҳузур

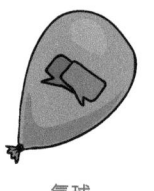

氣球

пуфак

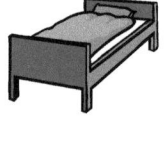

床

кат

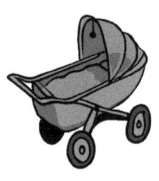

嬰兒車

аробочаи кудакона

撲克牌

маҷмӯи кортҳо

拼圖

бозии муамоёбӣ

SUPER
MEGA

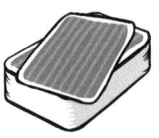

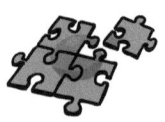

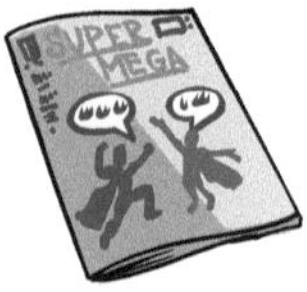

漫畫

комикс

樂高積木

хиштҳои лего

積木玩具

мағозаи бозичафурӯхтан

公仔

рақам амал

嬰兒服

либоси ғаваккашй

飛盤

фрисби

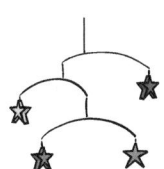

床鈴玩具

мобилӣ

棋盤遊戲

лавҳачаи бозй

骰子

кубик

火車模型

маҷмӯи модели қатора

安撫奶嘴

пистонак

派對

ҳизб

繪本

китоби расм

球

тӯб

洋娃娃

лӯхтак

玩

бози кардан

沙坑

қуттии рег

鞦韆

арғунчак

玩具

бозича

電玩遊戲

консоли бозиҳои видеой

三輪車

велосипеди сечарха

泰迪熊

хирсаки бахмалии патдор

衣櫃

чевон

衣服

либос

襪子

ҷӯроб

長襪

ҷӯроби соқбаланд

緊身褲

колготки

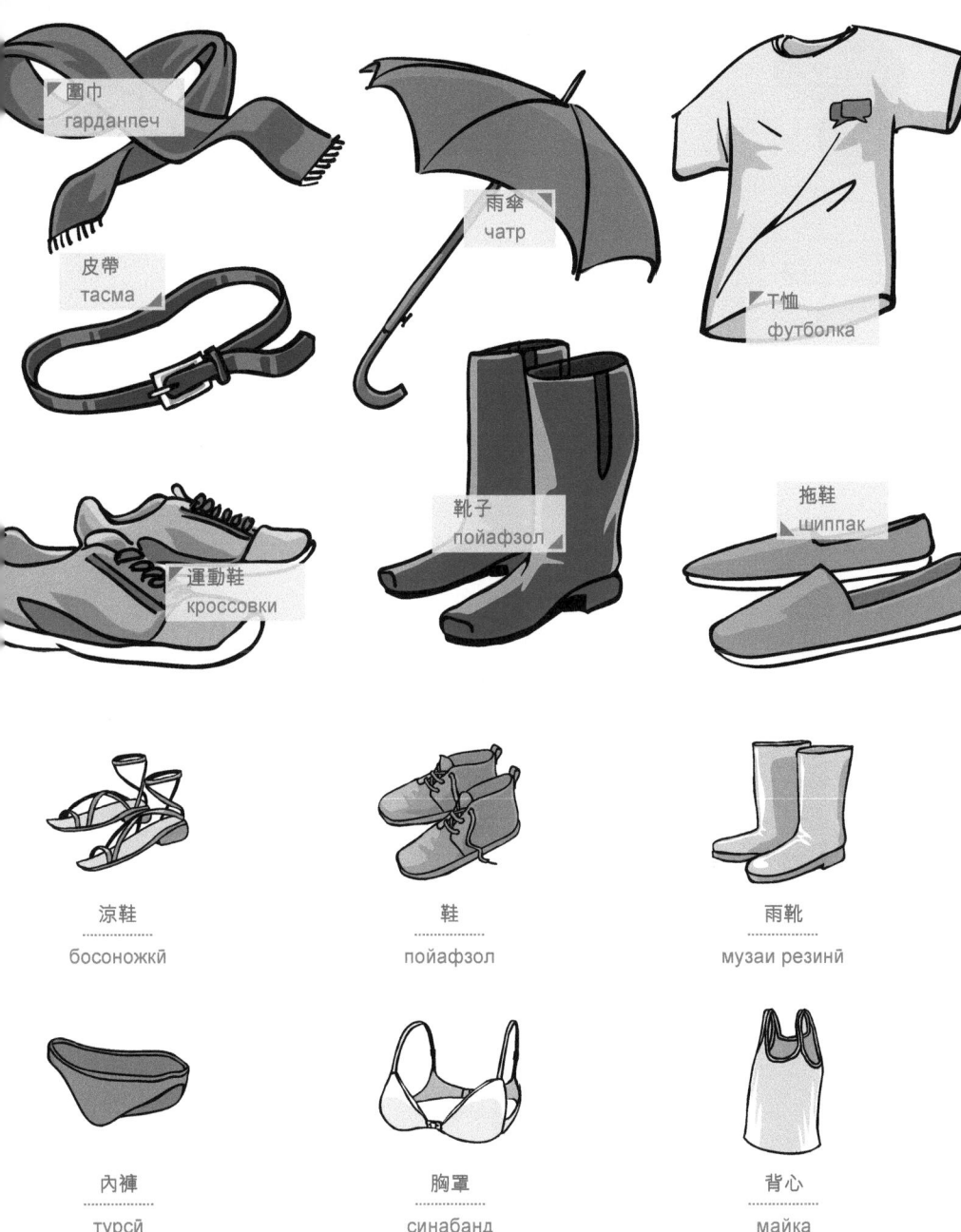

圍巾
гарданпеч

雨傘
чатр

T恤
футболка

皮帶
тасма

靴子
пойафзол

拖鞋
шиппак

運動鞋
кроссовки

涼鞋

босоножкй

鞋

пойафзол

雨靴

музаи резинй

內褲

турсй

胸罩

синабанд

背心

майка

衣服 - либос

身體

бадан

褲子

шим

牛仔褲

чинс

短裙

юбка

女式襯衫

куртаи нимтаи занона

襯衫

курта

套頭衫

свитер

連帽上衣

свитер

西裝夾克

пичак

夾克

нимтана

外套

палто

雨衣

плаш

套裝

костюм

連衣裙

куртаи занона

婚紗

либос тӯйи

西裝

костюм

睡袍

куртаи хоб

睡衣

пижама

莎麗

Сари

頭巾

рӯймол

包頭巾

салла

波卡

ниқобу

卡夫坦

кафтан

(阿拉伯式)長袍

абая

泳衣

либоси обозӣ

男式泳褲

эзорчаи шиноварии мардона

短褲

шорти

運動服

либоси варзишӣ

圍裙

пешбанд

手套

дастпӯшак

鈕扣

тугма

眼鏡

айнак

手鏈

дастпона

項鍊

гарданбанд

戒指

ангуштарин

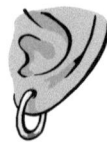

耳環

гӯшвора

便帽

кулоҳ

衣架

либосовезак

帽子

кулоҳ

領帶

галстук

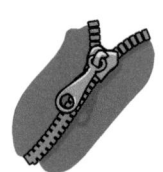

拉鍊

занҷирак

安全帽

тоскулоҳ

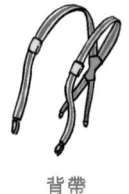

背帶

шимбардор

校服

либоси мактабӣ

制服

либоси

衣服 - либос

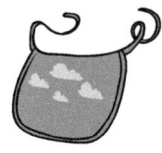

圍兜

пешгир

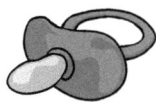

安撫奶嘴

пистонак

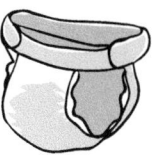

尿布

подгузник

辦公室

идора

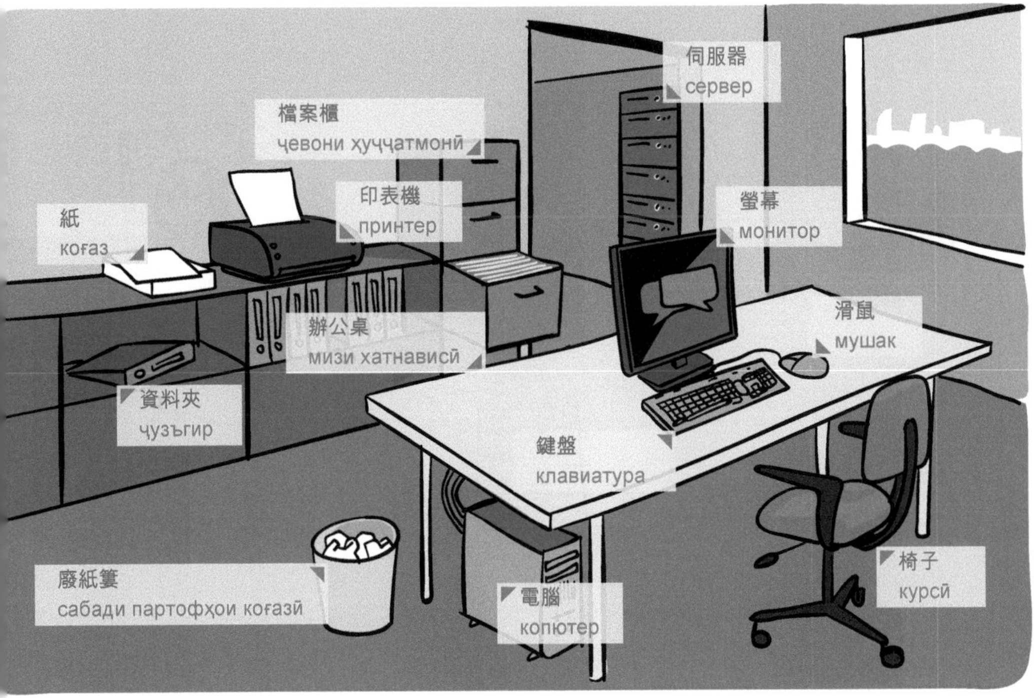
伺服器
сервер
檔案櫃
чевони ҳуҷҷатмонӣ
印表機
принтер
紙
коғаз
螢幕
монитор
滑鼠
мушак
辦公桌
мизи хатнависӣ
資料夾
ҷузъгир
鍵盤
клавиатура
廢紙簍
сабади партофҳои коғазӣ
電腦
копютер
椅子
курсӣ

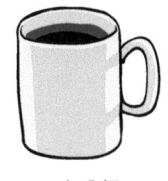

咖啡杯

кружкаи қаҳванӯшӣ

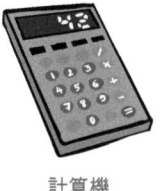

計算機

калкулятор

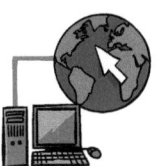

網際網路

интернет

筆記型電腦

ноутбук

信件

мактуб

簡訊

хабар

行動電話

телефони мобилӣ

網路

шабака

影印機

нусхабардор

軟體

нармафзор

電話

телефон

插座

розетка

傳真機

факс

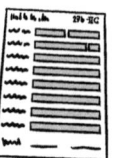

表格

шакл

檔案

ҳуҷҷат

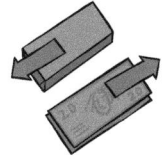

買
харидан

付錢
пардохт

交易
савдо

現金
пул

USD
美元
доллар

EUR
歐元
евро

JPY
日元
йен

RUB
盧布
рубл

CHF
瑞士法郎
франки швейцариягӣ

CNY
人民幣
юан

INR
盧比
рупй

提款處
нуқтаи нақд

外幣兌換處

нуқтаи мубодилаи асъор

金

тилло

銀

нукра

石油

равғани растанй

能源

энерги

價格

нарх

合約

шартнома

稅金

андоз

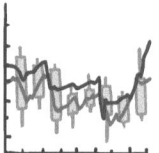

股票

саҳмия

工作

кор

職員

хизматчй

老闆

соҳибкор

工廠

завод

商店

сехи

警官
корманди полис

消防員
сӯхторхомушкун

廚師
ошпаз

醫師
духтур

飛行員
халабон

園丁

боғбон

木匠

чӯбтарош

裁縫

дӯзанда

法官

судя

化學家

кимиёшинос

演員

актер

公車司機

ронандаи автобус

計程車司機

таксист

漁夫

моҳигир

清洗女工

фаррошзан

屋頂工

устои бомпӯш

服務生

пешхизмат

獵人

шикорчӣ

畫家

расом

麵包師

нонвой

電工

барқ

建築工人

сохтмончӣ

工程師

инженер

屠夫

қассоб

水管工

устои шабакаи об

郵差

хаткашон

士兵

сарбоз

建築師

меъмор

收銀員

кассир

花農

гулфурӯш

理髮師

сартарош

售票員

кондуктор

機械技師

механик

船長

капатан

牙醫

духтури дандон

科學家

олим

拉比

хохом

伊瑪目

имом

和尚

шайх

牧師

саркоҳин

工具

асбобҳо

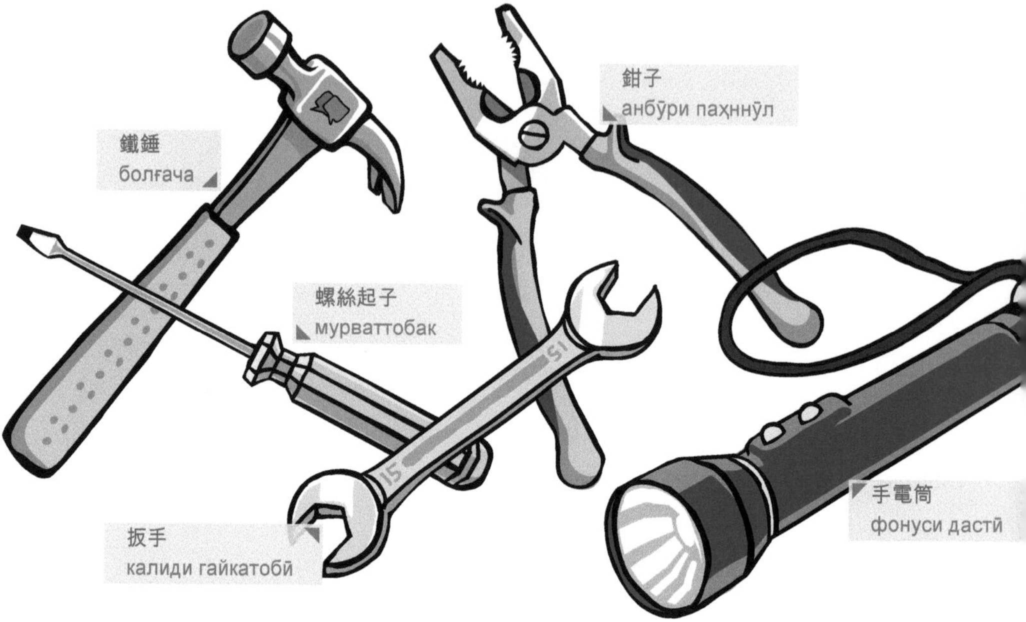

鐵錘
болғача
鉗子
анбӯри паҳннӯл
螺絲起子
мурваттобак
扳手
калиди гайкатобӣ
手電筒
фонуси дастӣ

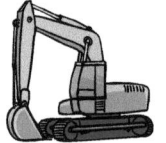

挖掘機

экскаватор

工具箱

қутии асбобҳо

梯子

зинапоя

鋸子

арра

釘子

мехҳо

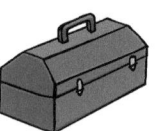

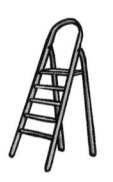

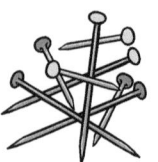

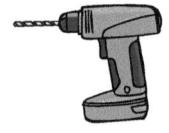

鑽機

пармаи электрикӣ

修
......
таъмир

鏟子
......
бел

糟糕！
......
Сабил монад!

畚箕
......
белчаи хокрӯбагирӣ

油漆桶
......
сатили ранг

螺絲
......
мехи печдор

樂器

асбобҳои мусиқӣ

揚聲器
динамик

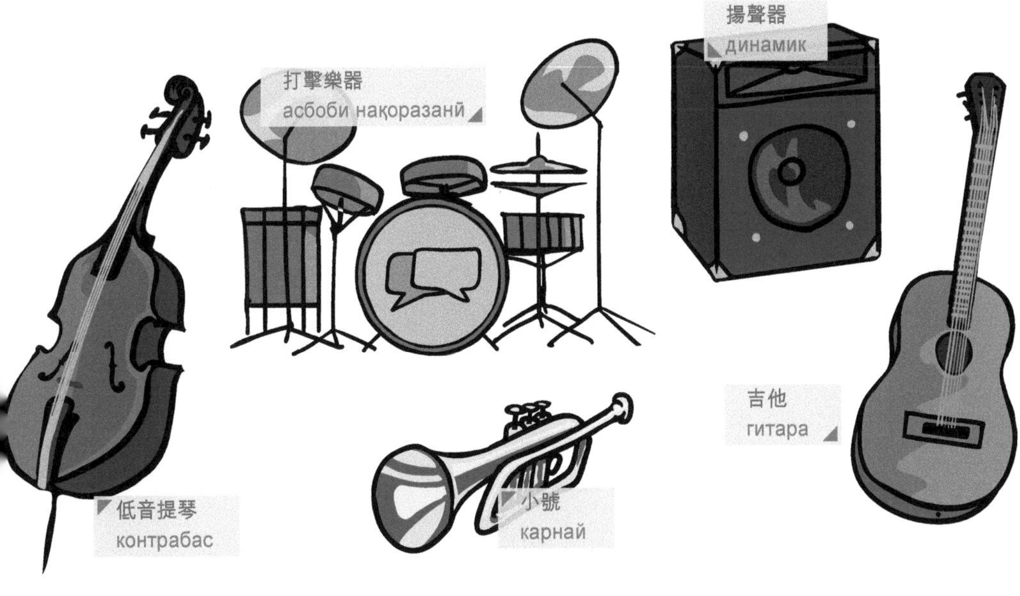

打擊樂器
асбоби нақоразанӣ

低音提琴
контрабас

小號
карнай

吉他
гитара

鋼琴

пианино

小提琴

ғиччак

貝斯

бас-гитара

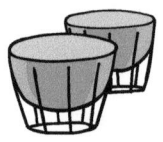

定音鼓

нақораи поядор

鼓

нақора

電子琴

клавиатура

薩克斯風

саксофон

長笛

най

麥克風

баландгӯяд

樂器 - асбобҳои мусиқӣ

動物園

боғи ҳайвонот

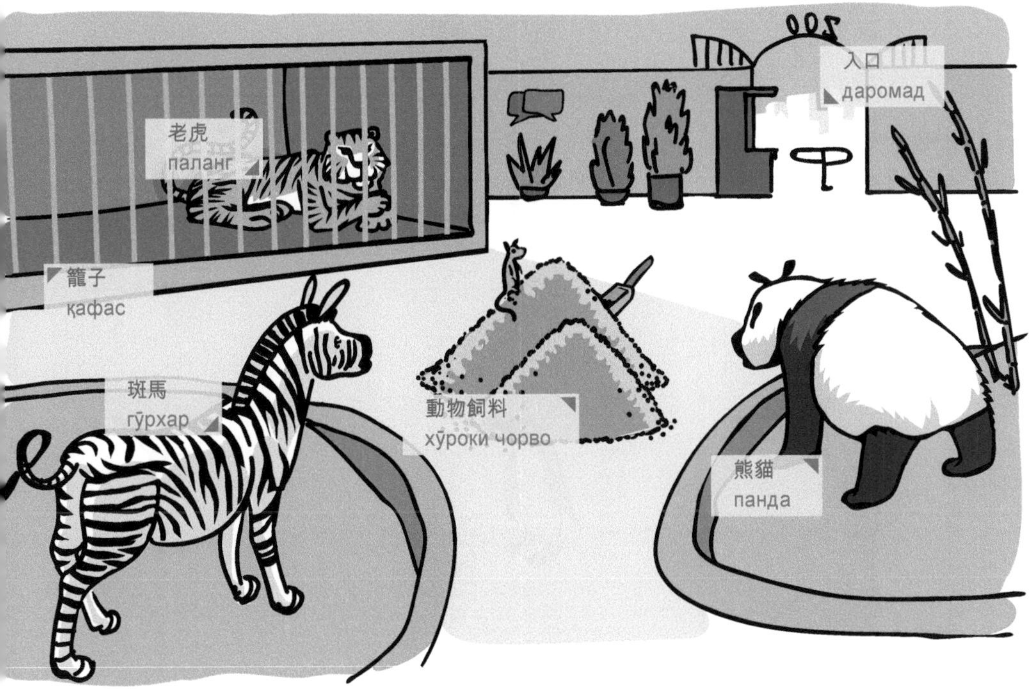
老虎
паланг
籠子
қафас
斑馬
гӯрхар
動物飼料
хӯроки чорво
熊貓
панда
入口
даромад

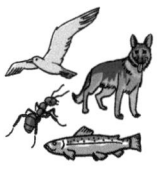

動物

ҳайвонот

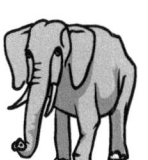

大象

фил

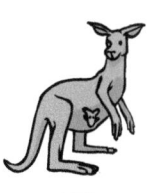

袋鼠

кенгуру

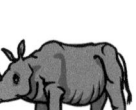

犀牛

каркадан

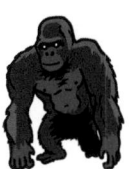

大猩猩

горилла

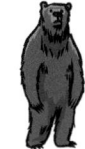

熊

хирси бӯр

駱駝

шутур

鴕鳥

шутурмурғ

獅子

шер

猴子

маймун

紅鶴

бутимор

鸚鵡

тӯти

北極熊

хирси сафед

企鵝

пингвин

鯊魚

наҳанг

孔雀

товус

蛇

мор

鱷魚

тимсоҳ

動物園管理員

посбон

海豹

сил

美洲豹

ягуар

矮種馬

аспи кӯтоҳқад

豹

леопард

河馬

баҳмут

長頸鹿

заррофа

老鷹

уқоб

野豬

хуки ваҳшӣ

魚

моҳӣ

龜

сангпушт

海象

морж

狐狸

рӯбоҳ

羚羊

ғизол/оҳу

橄欖球
футболи амрикои

騎腳踏車
велосипедронӣ

網球
теннис

籃球
баскетбол

游泳
шиноварӣ

冰球
хоккей

拳擊
бокс

美式足球
футбол

羽毛球
бадминтон

田徑
атлетика

手球
гандбол

滑雪
лижаронӣ

馬球
тӯббозӣ бо асп

фаъолият

跳
паридан

擁抱
оғӯш гирифтан

笑
ханда

走路
пиёда рафтан

唱
шеър хондан

做夢
орзӯ кардан

祈禱
ибодат кардан

親吻
бӯса кардан

書寫
навиштан

畫
кашидан

展示
нишон додан

推
тела додан

給
додан

拿
гирифтан

活動 - фаъолият 63

有
доранд

做
кор

當
бошад

站
истодан

跑
давидан

拉
кашидан

丟
партофтан

摔倒
афтидан

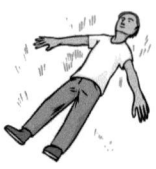

躺
дароз кашидан

等待
интизор шудан

攜帶
бардошта бурдан

坐
нишастан

穿衣
либос пӯшидан

睡覺
хобин

醒來
бедор шудан

看

нигоҳ кардан

哭

гиря кардан

擊

сила кардан

梳頭

шона

交談

гап задан

明白

фаҳмидан

問

пурсидан

聽

гӯш кардан

喝

нӯштдан

吃

хӯрдан

清理

ғундоштан

愛

ишқ

做飯

ошпаз

開車

рондан

飛

парвоз кардан

航行

бо бодбон ҳаракат кардан

計算

ҳисоб кардан

讀

хондан

學習

омӯхтан

工作

кор

結婚

оиладор шудан

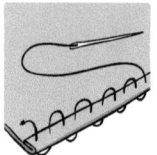

縫

дӯхтан

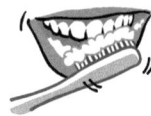

刷牙

дадон шӯстан

殺

куштан

抽菸

дуд

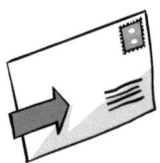

寄

фиристодан

家

оила

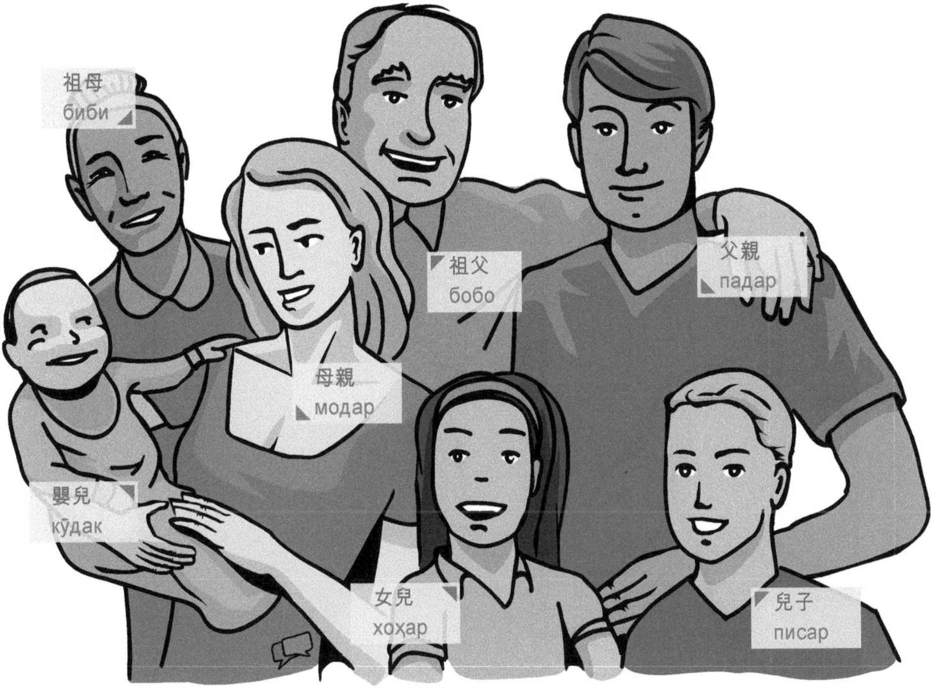
祖母
биби
祖父
бобо
父親
падар
母親
модар
嬰兒
кӯдак
女兒
хоҳар
兒子
писар

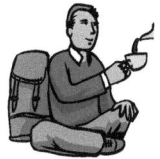

客人

меҳмон

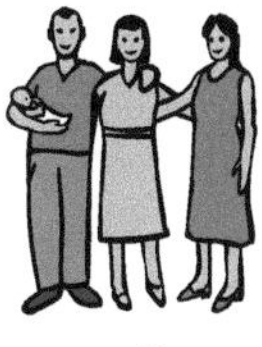

阿姨

хола

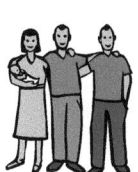

叔叔

амак

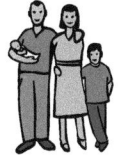

兄弟

бародар

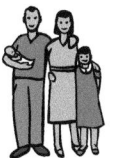

姐妹

хоҳар

身體

бадан

前額
пешонӣ
眼睛
чашм
肩膀
китф
手指
ангушт
臉
рӯй
下巴
манаҳ
手
панҷаи даст
腿
пой
乳房
қафаси сина
手臂
даст

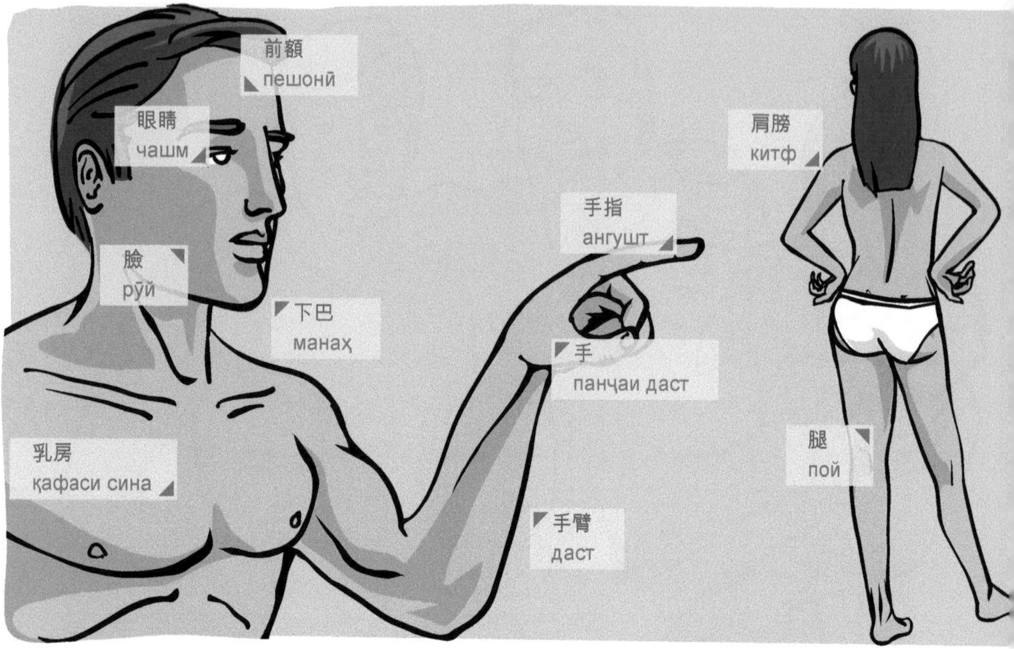

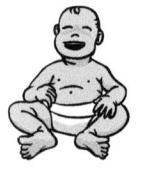

嬰兒

кӯдак

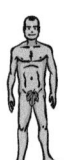

男人

мард

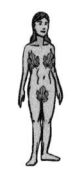

女人

зан

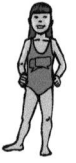

女孩

духтар

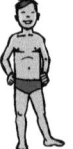

男孩

писар

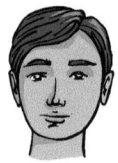

頭

сар

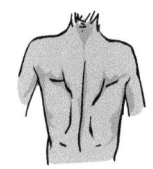

背部

пушт

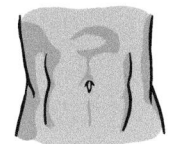

肚子

шикам

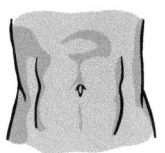

肚臍

ноф

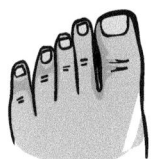

腳趾

ангушти пой

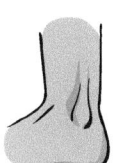

腳後跟

пошнаи пой

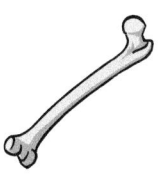

骨頭

устухон

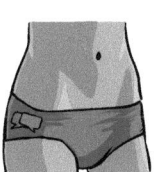

臀部

рон

膝蓋

зону

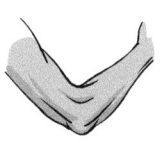

手肘

оринҷ

鼻子

бинй

屁股

таг

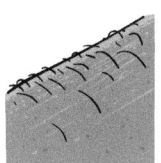

皮膚

пӯст

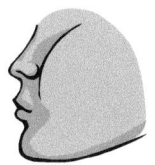

臉頰

рухсора

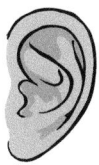

耳朵

гӯш

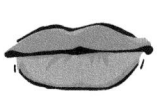

嘴唇

лаб

身體 - бадан

嘴

даҳон

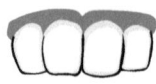

牙齒

дадон

舌頭

забон

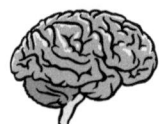

腦

майнаи сар

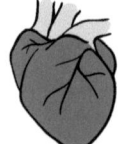

心臟

дил

肌肉

мушак

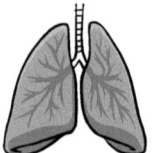

肺

шуш

肝臟

ҷигар

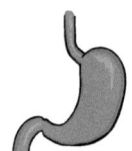

胃

меъда

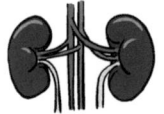

腎臟

гурдаҳо

性交

алоқаи ҷинсӣ

保險套

рифола

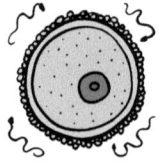

卵子

тухмҳуҷайра

精子

нутфа

懷孕

ҳомиладорӣ

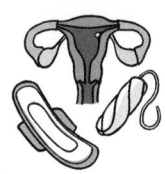

月事

ҳайз

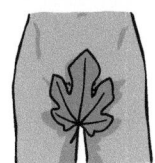

陰道

маҳбал

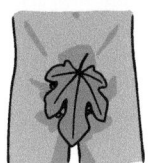

陰莖

кер

眉毛

абрӯ

頭髮

мӯй

脖子

гардан

身體 - бадан

醫院
бемористон

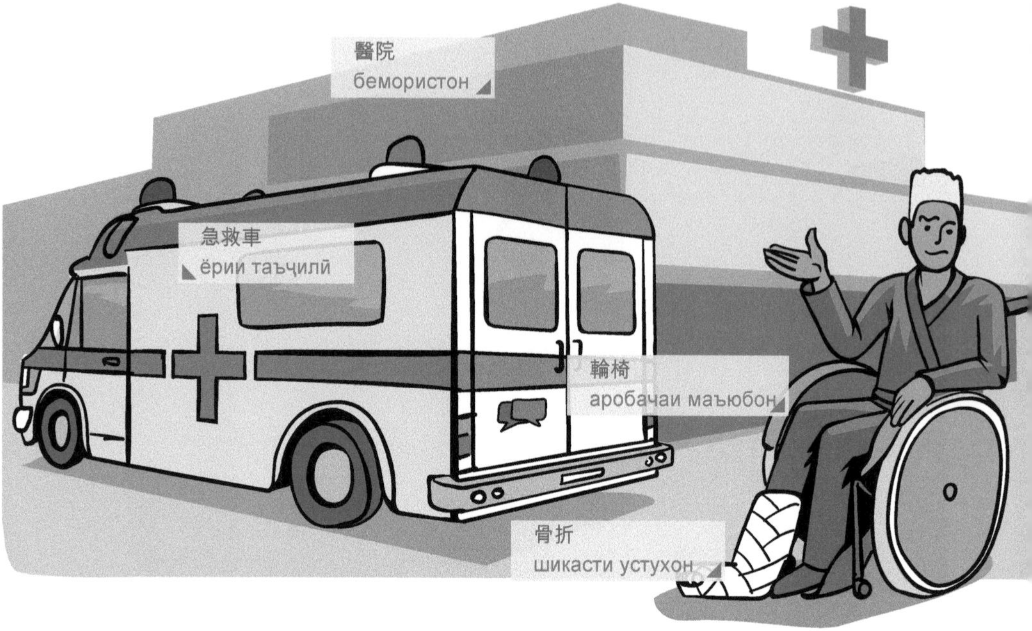

醫院
бемористон

急救車
ёрии таъчилӣ

輪椅
аробачаи маъюбон

骨折
шикасти устухон

醫師

духтур

急診室

ҳучраи ёрии фаврӣ

護理師

ҳамшираи тиббӣ

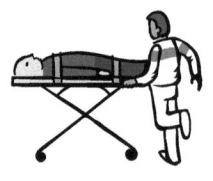

緊急情形

ҳолати фавкулодда

昏迷

беҳуш

痛

дард

受傷

чароҳат

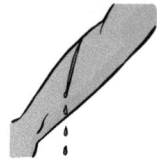

出血

хунравӣ

心臟病發作

дилзанак

中風

сактаи майна

過敏

аллергия

咳嗽

сулфа

發燒

табларза

流感

грипп

腹瀉

шикамравӣ

頭痛

сардард

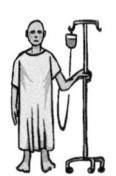

癌症

саратон

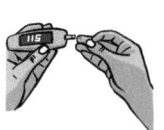

糖尿病

диабет

外科醫師

ҷарроҳ

手術刀

скалпел

手術

ҷарроҳӣ

電腦斷層掃描

Томографияи компютерй

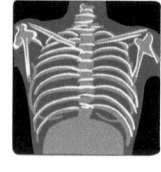

X光

шӯъои ренгенй

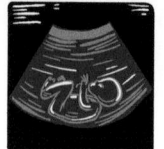

超音波

ултрасадо

口罩

ниқоби рӯй

疾病

беморй

候診室

ҳучраи интизорй

拐杖

асобағал

石膏

марҳам

繃帶

дока

注射

сӯзандору

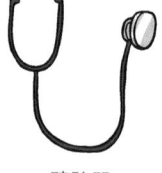

聽診器

стетоскоп

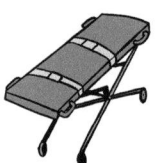

擔架

занбар

體溫計

ҳароратсанч

出生

таваллуд

超重

вазни зиёдатй

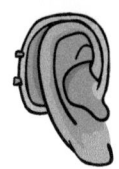

助聽器

тачҳизоти шунавой

消毒液

моддаи безараргардонй

感染

инфексия

病毒

вирус

愛滋病

ВИЧ / СПИД

藥物

дору

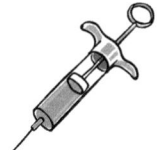

接種疫苗

ваксинатсия

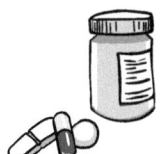

藥片

ҳабҳо

藥丸

ҳаб

急救電話

занги изтирорй

血壓計

монитори фишори хун

生病/健康

бемор/солим

救命！
Кумак!

警報
ҳушдор

突擊
ҳучум

攻擊
ҳамла

危險
хатар

緊急出口
баромадгоҳи таҳлиявӣ

失火了！
Сӯхтор!

滅火器
оташнишон

意外
садама

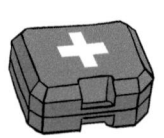

急救箱
дорукуттӣ

呼救訊號
бонги хатар

員警
полис

歐洲

Аврупо

北美洲

Америкаи Шимолй

南美洲

Америкаи Ҷанубй

非洲

Африка

亞洲

Осиё

澳洲

Австралия

大西洋

Уқёнуси Атлантик

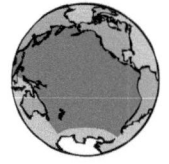

太平洋

Уқёнуси Ором

印度洋

Уқёнуси Ҳинд

南冰洋

Уқёнуси Антарктика

北冰洋

Уқёнуси Арктика

北極

Қутби шимол

南極

Қутби ҷануб

南極洲

Антарктика

地球

замин

陸地

замин

海

баҳр

島

ҷазира

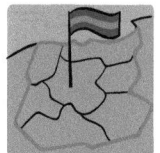

國家

миллат

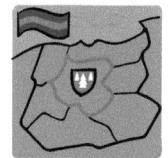

州

давлат

錶盤

сиферблат

時針

ақрабаки соат

分針

ақрабаки дақиқашумор

秒針

ақрабаки сонияшумор

現在幾點？

Соат чанд?

天

рӯз

時間

замон

現在

ҳозир

電子錶

соати электронӣ

分

лаҳза

時

соат

週

ҳафта

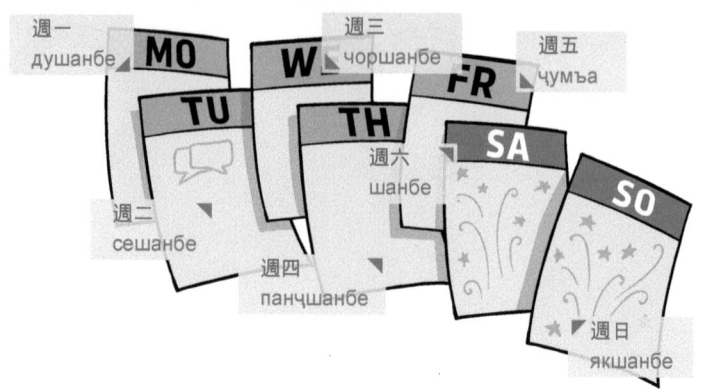

週一 душанбе
週二 сешанбе
週三 чоршанбе
週四 панчшанбе
週五 чумъа
週六 шанбе
週日 якшанбе

昨天

дирӯз

今天

имрӯз

明天

фардо

早晨

пагоҳирӯзӣ

中午

нимрӯз

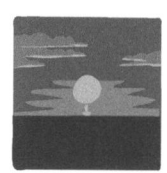

晚上

шом

工作日

рӯзҳои корӣ

週末

истироҳат

年

сол

雨
борон
彩虹
рангинкамон
風
шамол
雪
барф
春
баҳор
秋
тирамоҳ
夏
тобистон
冬
зимистон

4.APRIL 11°
5.APRIL 4°
6.APRIL 13°
7.APRIL 8°
8.APRIL 10°

天氣預告

Обу ҳаво

F C
120 90 60 30 0 -30
40 30 20 10 0 -10 -20

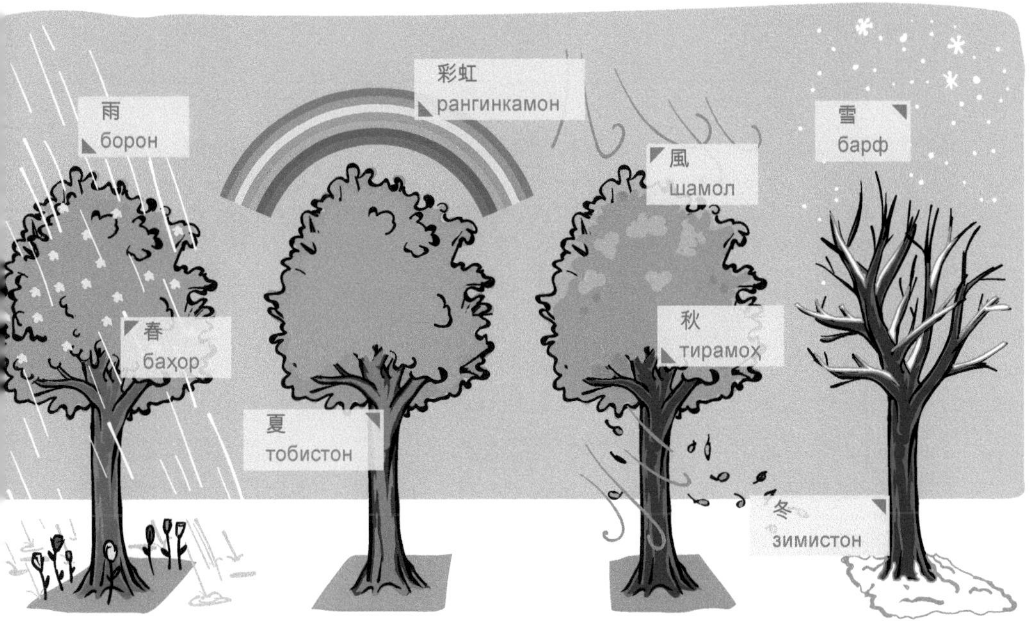

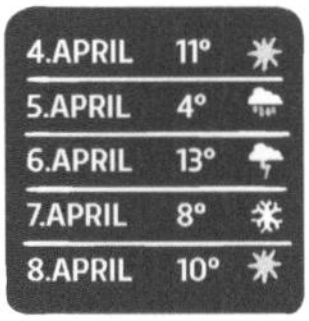

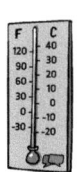

溫度計

ҳароратсанҷ

陽光

равшании офтоб

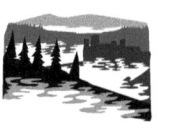

雲

абр

霧

туман

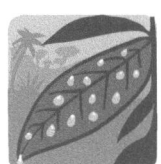

潮濕

намнок

閃電

барқ

打雷

тундар

風暴

тӯфон

冰雹

жола

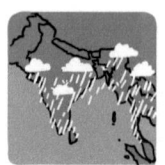

季風

муссон

洪水

обхезӣ

冰

ях

一月

январ

二月

феврал

三月

март

四月

апрел

五月

май

六月

июн

七月

июл

八月

август

年 - сол

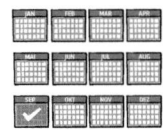

九月

сентябр

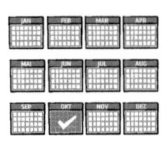

十月

октябр

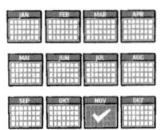

十一月

ноябр

十二月

декабр

形狀
баст

圓形

давра

正方形

мураббаъ

長方形

росткуньа

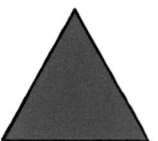

三角形

секуньа

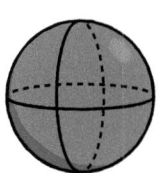

球體

соњаи

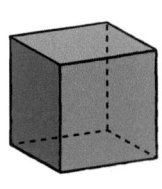

立方體

мукааб

白

гулобй

黄

хокистаранг

橙

зард

粉

бунафшранг

紅

сурх

紫

қаҳваранг

藍

кабуд

綠

сиёҳ

棕

кабуд

灰

сафед

黑

сабз

很多/少許

бисёр/кам

生氣/平靜

хашмгин / ором

美/醜

зебо/безеб

首/尾

оғози / охири

大/小

калон/хурд

明/暗

дурахшон / торик

兄弟/姐妹

бародари / хоҳар

乾淨/骯髒

тоза/чиркин

完整/缺失

пурра / нопурра

白天/晚上

рӯзи / шаб

死/生

мурдагон / зинда

寬/窄

кушод/танг

可食用/非食用

хӯрданӣ /
хӯрданашаванда

邪惡/善良

бад/нек

興奮/無聊

ба ҳаяҷон / дилгир

胖/瘦

ғавс/борик

第一/最後

якум/охирин

朋友/敵人

Дӯсти / душмани

滿/空

пур/холӣ

硬/軟

сахт/мулоим

重/輕

вазнин/сабук

餓/渴

гуруснагӣ / ташнагӣ

生病/健康

бемор/солим

非法/合法

ғайриқонунӣ / ҳуқуқӣ

聰明/愚笨

соҳибақл / беақл

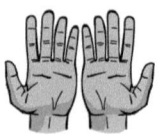

左/右

рост/чап

近/遠

наздик/дур

新/舊

нави / истифода бурда мешавад

沒有/有些

ҳеҷ / чизе

老/幼

пир/ҷавон

開/關

оид / хомӯш

打開/闔上

кушода/пӯшида

安靜/吵鬧

паст/баланд

富/窮

бой/камбағал

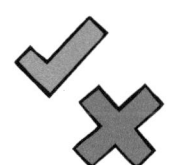

對/錯

дуруст/нодуруст

粗糙/光滑

дурушт/ҳамвор

傷心/高興

ғамгин/хушбахт

短/長

кӯтоҳ/дароз

慢/快

оҳиста/тез

濕/乾

тар/хушк

溫暖/涼爽

гарм / сард

戰爭/和平

ҷанг / сулҳ

數字

ададхо

0

零
....
нол

1

一
....
як

2

二
....
ду

3

三
....
се

4

四
....
чор

5

五
....
панҷ

6

六
....
шаш

7

七
....
ҳафт

8

八
....
ҳашт

9

九
....
нӯҳ

10

十
....
даҳ

11

十一
....
ёздаҳ

12
十二
дувоздаҳ

13
十三
сенздаҳ

14
十四
чордаҳ

15
十五
понздаҳ

16
十六
шонздаҳ

17
十七
ҳабдаҳ

18
十八
ҳаждаҳ

19
十九
нуздаҳ

20
二十
бист

100
百
сад

1.000
千
ҳазор

1.000.000
百萬
миллион

英語

англисй

美式英語

англисии амрикой

普通話

мандарини хитой

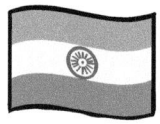

印地語

ҳиндй

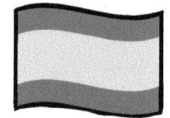

西班牙語

испанй

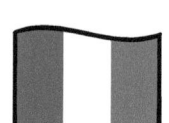

法語

фаронсавй

阿拉伯語

арабй

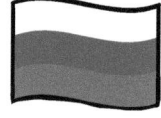

俄語

русй

葡萄牙語

португалй

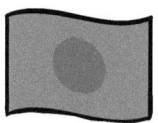

孟加拉語

бенгалй

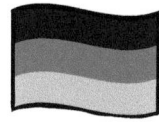

德語

олмонй

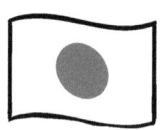

日語

ҷопонй

我

ман

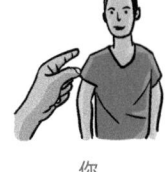

你

шумо

他/她/它

Ӯ / вай / он

我們

мо

你們

шумо

他們

онхо

誰？

ки?

什麼？

чй?

如何？

Чй хел?

何處？

дар кучо?

何時？

кай?

名字

ном

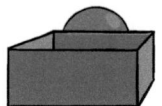

後面

аз паси

裡面

дар

前面

дар пеши

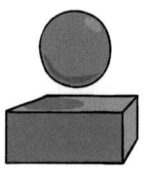

上方

дар болои

上面

дар рӯи

下麵

дар зери

旁邊

дар назди

中間

миёни

地點

ҷой